文殊菩薩50問

學佛入門Q&A

法鼓文化編輯部 編著

〈導讀〉

紅塵自在的蓮花與劍

文殊菩薩象徵著智慧，被譽爲智慧第一。他是佛教四大菩薩之一，釋迦牟尼佛的左脇侍菩薩，因德才超群，位居菩薩之首，故稱法王子。我特別喜歡文殊菩薩優雅的造型，左手持蓮花，右手持劍，智慧犀利如劍，能斬斷種種愚癡；蓮花純潔無染，花上放有《般若經》，爲智慧的象徵。他常乘獅子座騎，表示智慧威猛無比。文殊菩薩的每種象徵，無不是尊貴、優雅的般若智慧。

文殊菩薩的名字意譯爲「妙吉祥」、「妙樂」，意思是美妙、雅致、吉祥、美觀、莊嚴等等。過去我口頭稱念文殊菩薩名號，只知道文殊師利是法王子，卻不知竟是古佛再來、七佛之師。直到有位號稱「小龍女」的學生出現了，當她喊我是「文殊菩薩」時，此舉讓我大感惶恐，何德何能受此尊稱啊？原來小龍女志求古佛智慧，把所有老師都當成文殊菩薩來禮敬，讓我既感動又慚愧。

文殊菩薩曾爲七佛之師，啓發善財童子一路向南與善知識參學，又教化龍女八歲成佛，領導阿難尊者於鐵圍山結集大乘經藏。我們可以說，文殊菩薩是經典的前身，爲三藏十二部之母。過去無央數諸佛，皆是文殊菩薩的弟子；五台山上有他遊行居止，爲諸衆生說法的足跡；《華嚴經》、《文殊師利法寶藏陀羅尼經》、《大寶積經．文殊師利授記會》等等經典都記載著菩薩威德，讓我們生生世世讚歎。

《首楞嚴三昧經》說文殊菩薩，過去成佛，名龍種上尊王佛。

《央掘魔羅經》說文殊菩薩，現在北方作佛，號歡喜藏摩尼寶積佛。

《寶積經》說文殊菩薩，當來成佛，名普見如來。

《華嚴經》說文殊菩薩，是十方諸佛母，一切菩薩師。

《大乘心地觀經》則說文殊師利大聖尊，三世諸佛以爲母；十方如來初發心，皆是文殊教化力。

「十方諸佛母」、「一切菩薩師」、「大聖尊」……，原來般若智慧化爲方便萬行，諸佛導師，菩薩至尊，就是文殊師利法王子的弘化力量。

華人地區的菩薩信仰，泰半以觀世音菩薩爲主，仔細想來，我與文殊菩薩的因緣屈指可數，除了收小龍女為徒，並曾應文殊院寫作協會佛教文學課程邀請，演講〈我寫故我在——從自我到無我〉，目前只有兩段特別的記憶：韓國威德大學、效善財童子五十三參。

我的博士班同學有對來臺留學的韓國夫妻，妻子畢業後在韓國威德大學任教。我不曉得她也是佛教徒，對學校以「威德金剛」為名感到困惑，尚不知這是文殊菩薩的忿怒尊。睽隔三十年後，她在韓國威德大學，我在臺灣佛光大學，兩地遙隔，卻由於威德大學來訪佛光大學，失散多年的同學竟藉著文殊菩薩的威德力，因著佛教因緣再度重逢。

至於效善財童子五十三參，是因小龍女的號召，讓佛光大學的師生有緣到世界各地的佛光道場參學，我們號稱為「善財童子軍」，每個人都精神抖擻，彷彿生命復甦。

我與文殊菩薩雖只有區區幾段機緣，卻是此生莫大殊榮。能昇華生命，與古佛相遇，在文殊菩薩的法益中使人生更增上緣，這是何等殊勝！或許您不熟悉文殊菩薩的故事，也不認識文殊法門，但透過《文殊菩薩50問》的介紹，應該會有相見恨晚的感覺了。

印光大師賦詩頌揚文殊菩薩說：「文殊菩薩德難量，久成龍種上法王。因憐衆生迷自性，特輔釋迦振玄綱。爲七佛師體莫測，作菩薩母用無方。常住寂光應衆感，萬川一月影咸彰。」就因著文殊菩薩的常寂光力，佛門開出般若萬行的方便法門。

喜歡蓮花與劍，喜歡萬川月影，頂禮文殊菩薩！

蕭麗華
佛光大學中國文學與應用學系教授
兼人文學院院長

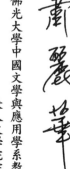

目次

相信文殊般若智慧

2 認識文殊諸佛之師

3 學習文殊有方法

4

成為妙智文殊

1

相信文殊般若智慧

Question

01

修行爲何需要文殊智慧？

在遇到煩惱時，一般人都渴望能適時得到智者的點撥，化解危疑。而在佛教衆多菩薩中，象徵智慧的文殊菩薩，便常常爲學佛者點亮智慧的光芒。

外冷內熱的老師

文殊菩薩代表智慧，被尊稱爲諸佛之母、諸佛之師，以無上智慧開啓了無數佛菩薩的佛性。他曾發願說，如果有任何一尊佛，非他的接引與護持而成佛，他自己便不成佛。因此，他不惜爲衆生捨佛位，重入娑婆世界，再現菩薩身度衆，甚至退居爲佛陀座下的弟子，幫助佛陀弘法。佛陀曾感恩地說他能夠成佛，都是文殊菩薩的恩惠，並稱文殊菩薩是佛道中的父母。

但是，這位諸佛老師的教化方式，與佛陀的方式相當不同，著重於第一義諦，而非世俗諦。佛陀爲因機教化，而用循循善誘的漸進方式，文殊菩薩則用直捷開示的頓悟方式。這種開門見山下猛藥、治重病的方式，自然很難爲大衆所接受，也很難理解。但是文殊菩薩認爲淺法不能斷病根，仍堅持要說甚深法。

化三界火宅為清涼世界

文殊菩薩在語言和行動上的特立獨行，並非標新立異，而是爲破除人的煩惱執著。例如有次五百位菩薩因得宿命通，見到過去生所犯下的種種罪業，心中懊悔而不能修證。文殊菩薩爲破除他們的內心執著，就持劍做要殺佛的樣子，佛陀知道文殊用意便與他配合，使得五百位菩薩了知一切法如幻無我，化除心中罣礙，這便是智慧劍的典故由來。

（釋常鐸　攝）

人都是爲欲望所累、煩惱所苦，面對錯綜複雜的社會環境，我們也非常需要一把文殊智慧劍，才能不再心亂如麻！對於修行路上的種種障礙，更是需要文殊的空性智慧斬斷煩惱，不再隨著名利欲望流轉不已，化三界火宅爲清涼世界！

Question

02

文殊信仰的起源爲何？

文殊菩薩信仰起源於西元一世紀左右，大乘佛教興起的時期。根據經典記載，一說是文殊菩薩來自東方或南方世界，應佛陀的感召，來到娑婆世界助佛弘法；另一說文殊菩薩是佛陀時代隨佛出家的婆羅門。而在所有的菩薩中，文殊菩薩「智慧第一」，與佛所覺悟的智慧接近，最能繼承佛陀之位，因此又被稱爲「法王子」。

起源於印度

文殊信仰雖起源於印度，但是在印度與西域等地，相關記載甚少。隨著大乘經典的漢譯，觀音、文殊、地藏、普賢等四大菩薩，文殊菩薩信仰最早傳到漢地佛教。自東晉以來，崇信文殊菩薩的風氣日漸興盛。

（施建昌　攝）

政治的推波助瀾

在唐代宗大曆四年（西元七六九年）由不空三藏法師奏請，敕令天下佛寺，食堂中除賓頭盧尊者像外，另安置文殊菩薩像，以爲上座。而由敦煌千佛洞中存有文殊維摩變、文殊普賢像、千臂千缽文殊師利等壁畫和絹本畫，也可見其弘傳影響。

在政治力量的推波助瀾下，文殊信仰不但普及於中原地區，建立五台聖境，並且流傳到日、韓、藏等地，而擁有一段輝煌的歷史。

Question 03

歷史上眞有文殊菩薩嗎？

根據《文殊師利般涅槃經》記載，佛陀曾說文殊菩薩是生於印度舍衛國多羅聚落的婆羅門家，不但從母親右脇而生，出生即能說話，還有種種奇特瑞相。長大後遍訪仙人，九十五位婆羅門論議師與他辯論，都無法勝過，最後便隨佛陀出家學佛。經中說，只要聞文殊師利名，便能除十二億劫生死之罪；禮拜供養文殊，可世世都生於諸佛之家；僧人見到文殊，一日一夜即成阿羅漢……。

雖然許多經文記載，將文殊菩薩形容爲一位歷史上出現的人物，但是無法實際考證，因此，一般大致上認爲文殊菩薩是應佛陀的感召，由他方世界來到此地，並協助佛弘法，廣說大乘法。

（許翠谷　攝）

Question

04

文殊菩薩是佛還是菩薩？

文殊菩薩是古佛再來，很多他指導的弟子都已成佛，所以被尊爲諸佛之師。文殊菩薩爲了利益衆生，所以才化作菩薩，方便教化。

關於文殊菩薩爲佛的重要說法如下：

一、過去古佛說

《首楞嚴三昧經》說，文殊菩薩是「龍種上如來」。據經中記載，摩訶迦葉尊者對世尊說：「我謂文殊師利法王子！曾於先世已作佛事，現坐道場，轉於法輪，示諸衆生入大滅度。」世尊表示確實如此：「如是如是，如汝所說。迦葉！過去久遠無量無邊不可思議阿僧祇劫，爾時有佛，號龍種上如來。」

除《首楞嚴三昧經》外，有其他經典也說文殊菩薩是未來佛，如《菩薩瓔珞經》說文殊菩薩過去是空寂世界的大身如來，《菩薩處胎經·文殊身變化品》則說他過去是無礙佛剎的升仙尊佛。

二、現在為佛說

《央掘魔羅經》說，文殊菩薩是「歡喜藏摩尼寶積如來」，佛國位在北方常喜國。世尊在本經告訴波斯匿王說：「北方去此過四十二恆河沙剎，有國名常喜，佛名歡喜藏摩尼寶積如來、應供、等正覺，在世教化。彼土無有聲聞緣覺，純一大乘無餘乘名，亦無老病眾苦之名，純一快樂，壽命無量，光明無量，無有譬類，故國名常喜。佛名歡喜藏摩尼寶積如來、應供、等正覺，王當隨喜合掌恭敬。彼如來者豈異人乎？文殊師利即是彼佛。」

三、未來成佛說

《大寶積經．文殊師利授記會》說，文殊菩薩將成爲「普見佛」，佛國位在南方隨願積集清淨圓滿。世尊於本經說：「此文殊師利成佛之時名爲普見。以何義故而名普見？以彼如來於十方無量百千億那由他諸佛剎中普皆令見。若諸衆生見彼佛者，必定當得阿耨多羅三藐三菩提。」

除《大寶積經》外，有其他經典也說文殊菩薩是未來佛，如《文殊師利佛土嚴淨經》說文殊菩薩未來是離塵垢心世界的「普現如來」，《悲華經》則說將成爲清淨無垢寶寘世界的「普現如來」。

文殊師利菩薩於過去、現在、未來三世，都是如來。但是他的悲心特重，常會示現不同化身以方便度衆，如《清涼山志》所說：「文殊大菩薩，不捨大悲願。變身爲異道，或冠或露體。或處小兒叢，遊戲於聚落。或作貧窮人，衰容爲老病。及

（林后駿　攝）

現飢寒苦，巡方而求乞。令人發一施，與滿一切願。令發信心已，為說波羅蜜。」
不論文殊是佛或菩薩，重要的是我們能否因文殊智慧法門，而轉迷成悟，取得眞正的佛法智慧。

Question

05

文殊菩薩用什麼方式救度眾生？

一般人都認爲文殊菩薩的法門是智慧法門，但事實上，身爲菩薩，文殊的智慧不是在解決自身的痛苦，而是解脫眾生的煩惱。我們在很多經典中，可以看到文殊菩薩常會大放厥詞、與僧團作對，甚至持劍殺佛等誇張舉動，但其目的都是爲了引領眾生解脫成佛。

發菩提心利他為第一

《文殊師利佛土嚴淨經》中，便詳細敘述文殊菩薩的成佛願心，當師子步雷音菩薩問法於文殊菩薩，爲何明明具備成佛的條件，卻不成佛呢？文殊菩薩則表達，要等一切眾生都成了佛，自己才要成佛的願心。

（李佳純　攝）

由此可知，文殊菩薩雖象徵著諸佛的智慧，但菩薩的願心卻是勸化一切有情成佛，具有不捨大眾的慈悲心，意味著智慧要和慈悲同時並行，開展智慧法門的先行工作，就是培養菩提心、行菩薩道。

在《維摩詰經》中，更進一步以「菩薩爲眾生故入生死，有生死則有病；若眾生得離病者，則菩薩無復病」，指出諸佛菩薩要離病求得大解脫，必須從解決眾生的生死煩惱入手。如此覺有情的特色，用現代的語彙來說，就是利他精神。

捨己利他菩薩行

聖嚴法師曾說「利人便是利己」，指出生活在五濁惡世，每個人都會有煩惱問題，但如果只想到自己的煩惱，做任何事都只想解決自己的問題而得到利益，反而會徒增更多的煩惱。若是能把心量放大、放寬，以同理心感受他人的困難，相對於更多苦難的眾生，自身的痛苦就不算什麼了。如果能更進一步想辦法幫助他們，使他們得到救濟，儘管自己的問題還在，但幫助他人所得到的喜悅，多少能減少對自身問題的執著，讓心變得清淨。

這種捨己利他的「菩薩行」，是文殊菩薩度眾的精神與方式。我們也以佛教的「布施、愛語、利行、同事」四攝法，來學習文殊菩薩的「菩薩行」，藉由布施、愛語讓人生起信心，安心無憂，並以利行、同事助他人成就諸事，培植善根福德，遠離煩惱痛苦。

Question

06

信仰文殊菩薩，考試求學會比較順利嗎？

在面對重要考試時，很多人會「臨時抱佛腳」，去道場祈求文殊菩薩保佑過關。原因只爲聽說文殊菩薩智慧第一，所以認爲讀書、考試應該會特別順利。

信仰力量幫助安心

通常只要用功讀書，考試應能發揮實力，有時會意外失常，往往是因過度緊張。而讀書求學，很多人不能充分學習吸收，是因爲無法專心，常因煩惱分心。如果因爲信仰文殊菩薩的力量，而能讓自己專心讀書、安心考試，考試自然就會得到好成績。

（李東陽　攝）

文殊妙智破煩惱、出生死

如果信仰文殊菩薩，一直停留在求取聰明才智階段，將文殊菩薩當成「文昌帝君」、「孔子」來祈求，只希望菩薩保佑考試順利，實在可惜。文殊菩薩智慧的可貴處，不僅是世學的才智，最重要的還是在於能幫助眾生破除無明煩惱，不再隨業報輪迴。不論是升學、求職考試，都是一時的小考驗，生死才是人生的大考驗，應進一步發願以文殊妙智，幫助自己與眾生不受輪迴之苦，面對生死得自在。

Question 07

文殊法門太深，只適合智者信仰？

智慧第一的文殊菩薩，雖然不畏說深法，但是教法具有很多善巧方便。

文殊法門讓六道眾生皆得解脫

他不只爲諸佛菩薩說法，爲教化魔王而化現爲大威德金剛，也會深入民間，化身貧女、乞丐度化眾生，甚至不惜化身畜生道。六道眾生皆爲煩惱所障而輪迴，文殊菩薩能來去六道爲眾生說法，並讓聞法者解脫煩惱，可見得文殊法門適用於六道眾生，不限利根或鈍根，無論聰慧或駑鈍。

文殊法門的重點在於破除執著，闡揚空義。放下自我執著的方法很多，例如學習《華嚴經．淨行品》的文殊菩薩教導，放下一己私欲，用爲眾生發願來擴大心量，比如用餐時：「若得美食，當願衆生：滿足其願，心無羨欲。」「得不美食，當願衆生：莫不獲得，諸三昧味。」無論飲食好壞，心中所想的都是衆生，便不起煩惱。因此，寺院用完餐後會誦〈結齋偈〉：「飯食已訖，當願衆生：所作皆辦，具諸佛法。」透過日常用餐，漸漸轉化心念。

與文殊菩薩心心相印

縱然是簡單如念文殊菩薩名號，或持誦文殊菩薩經典，只要能照見自己的煩惱，明白煩惱也是緣起，本質是空性，不困於煩惱，便都能受用文殊智慧。

只要在心中安放一部智慧「心經」，不論這部經名爲《文殊師利問經》，名爲《般若波羅蜜多心經》、《維摩詰經》、《華嚴經》，或其他任何一句法語、佛號，能清楚活在當下，知道煩惱都是自心所現、是空性的，而不爲煩惱迷惑，即是與文殊菩薩般若智慧心心相印。

（李佳純　攝）

Question

08

文殊法門的智慧，和世間智慧有何不同？

人人都希望自己有智慧，但是對於智慧的定義，則衆說紛紜：學富五車、聞一知十、口才伶俐……，這些都是一般人認爲的聰明才智，卻非佛教所認爲的智慧。佛教認爲眞正的智慧，要能解脫煩惱，出離衆苦。正如文殊菩薩「不斷煩惱，也不與煩惱共住」，能夠處在煩惱的衆生群中，卻不被煩惱困擾，才是大智者。

世間智慧有限，文殊智慧無限

一般人的智慧，必須思考、觀察、判斷、解說，才能傳達；而文殊法門的智慧，不需要依靠文字、語言、想法等符號來表達，直接洞悉眞理的本身。因爲，宇宙間的任何一種現象，不論大小、多少，彼此之間都是相連相印的，也是無法分割的，更是相互依存，彼此互爲因緣的，這些都非文字、語言、想法所能完整傳達。

因此，若以智慧看世間，世間的一切便無前後的位子，無數量的多少，也無人我關係的矛盾。曾有人問文殊菩薩：「聽說你是三世一切諸佛之母，是三世一切諸佛之師，那麼你從初發菩提心以來，已經多久了？還要多久才能成佛？」

什麼時候可以成佛，應該是所有佛教徒都希望知道的答案，但就文殊菩薩而言，如果是用一般人的方式來回答，一定無法說明。既然宇宙是無限深廣、無限久遠，從整體而言，沒有內在也沒有外在，沒有開端也沒有結束，文殊菩薩象徵著三世諸佛智慧的功能，所以是三世佛母及諸佛之師，這要他如何回答呢？所以他便反問：「這樣的問題，你已問多久了？還要問多久呢？」

（許翠谷　攝）

立斷煩惱，照見本來面目

這一種反詰的方式，是文殊法門的特色，也是禪宗常用來幫助修行者開悟的利器，因爲這對於問話的人而言，無異是當頭棒喝，可頓時切斷向外攀緣的心念，利根的人當下就可能開悟，否則也會自我反問：「內在的自我，究竟是誰？」而更深入探索實相。

佛性人人本具，並非因爲修行佛法才有佛性。佛看一切人，不僅是未來的諸佛，而且是當下的諸佛，而凡夫的心被煩惱所迷惑，所以不知自己具有佛性。如果能以文殊智慧，保持清明覺知，清清楚楚生活在當下，在每一個念頭的當下，便與智慧相應，能以智慧的心眼，見到自己的本來面目其實與諸佛本來無異。

Question

09

文殊法門爲何能轉煩惱爲菩提？

文殊菩薩的本願是度一切眾生成佛，所以菩薩的淨土不在佛國，是在眾生中，有眾生之處即是菩薩之佛國淨土。菩薩以五濁惡世的娑婆世界爲淨土，不但顚覆一般人對淨土的想像，在《文殊師利佛土嚴淨經》，也開展文殊法門「煩惱即菩提」的獨到智慧。

煩惱是成佛的條件

在一般的理解中，成佛的條件應該是清淨的慈悲與智慧，怎麼可能是貪、瞋、癡等煩惱呢？煩惱不是有毒嗎？有別於一般法門重在訶責煩惱、斷除煩惱，《維摩詰經》明白主張六十二種邪見外道及一切的煩惱，都不應迴避，都是成佛的根本條件。

（李澄鋒　攝）

就像離開淤泥長不出蓮花，《維摩詰經》更以「蓮花與淤泥喻」、「殖種與糞壤」、「寶珠與巨海」三個比喻，指出離開煩惱很難開發成佛的慈悲與智慧。煩惱是覺性的展現，我們要用正面的心態去看待煩惱，不要逃避煩惱。如果只因生命的逆緣而厭煩，就會失去成就菩提的機會。如果能在每個煩惱生起的當下，覺知這是生命的考驗，願意面對煩惱、解決問題，就是自我提昇的契機。

心淨則國土淨

因此，煩惱並不可怕，可怕的是不去覺察，文殊法門的「煩惱即菩提」，便是助人培養「即起即觀」的習慣，能直觀煩惱、轉化煩惱，甚至轉煩惱爲道用，使煩惱變成菩提資糧。所謂「心淨則國土淨」，一切煩惱都是唯心所現，文殊法門從「煩惱即菩提」的立基點上，更發展出「煩惱無自性」的空性智慧。

Question

10

文殊法門即是般若法門嗎？

談到空性，文殊法門總是被拿來與同樣強調空性的般若法門，互做比較。也有人誤以爲都是談空性智慧，文殊法門即是般若法門。

文殊法門重視菩薩的方便行

但是根據印順長老的考據，在早期的《般若經》裡，文殊菩薩並未直接參與問答，長老認爲：文殊法門與般若法門同源於「原始般若」，但文殊法門更重於菩薩的「方便行」，也多傳述不可思議的佛境界，而有不同的發展與想像。

不過，有趣的是，在很多的文殊造像中，文殊菩薩不但手持智慧劍，還有《般若心經》，除了象徵著菩薩的智慧，也暗示了文殊菩薩是《般若心經》的護持者。

（許翠谷　攝）

破除執著、闡揚空義

雖然，般若空、不二空，甚至是後來龍樹的中觀思想，都是大乘佛法闡揚空性思想時，針對不同根機的眾生，所開展不同的名稱。名相不同確實有不同意涵，在研究上不能模糊不清，但是文殊法門的重點，還是在於破除執著、闡揚空義，所以從修行層面來說，也不需要過度執著名相。

Question

11

為何文殊信仰在中國，不似觀音信仰普及？

相較於觀音菩薩聞聲救苦，帶來現實利益，文殊菩薩的智慧法門，因爲甚深、不可思議，無法爲衆生帶來即刻、具體的幫助，所以比較不容易普及民間大衆。在佛教發展過程中，佛教寺院很少單以文殊菩薩做爲主祀，而以文殊菩薩做爲供養、禮拜，以文殊法門做爲修持功課的佛教徒，也不太多。

衆生的根器

文殊法門會造成隔閡，未能普遍流傳，主要關鍵在於衆生的根器。文殊法門是智慧門，在說法上顚覆傳統分別解說的方式，反而以否定、反詰的語句，甚至是犀利的舉動，引入出格的深悟。人們通常重視現實利益，在貪、瞋、癡中不停打轉，而難以悟入文殊法門。

（李澄鋒　攝）

繁複的思想教義

此外，隨著大乘佛教經典的傳出，文殊菩薩不但活躍於佛教的舞台上，與其相關的經典部類也逐漸增加，共有一百多種。這些經典內容相當龐雜，有闡揚「淨土」的《文殊師利佛土嚴淨經》；也有主張「持名念佛」、「一行三昧」的《文殊般若經》（全稱《文殊師利所說摩訶般若波羅蜜經》）……。文殊法門的多樣性，反而加深了大眾對文殊菩薩認識的鴻溝，其繁複的思想教義，讓人容易迷惑而無所適從。

但是大乘佛教的發展，本就是朝多元化發展，需要適應不同眾生的需求而變化，因此，文殊信仰雖不似觀音信仰如此普及，但是它的啓發性、影響性，仍細水長流，深刻滋潤著漢傳、藏傳佛教信仰文化。

Question

12

什麼是文殊菩薩十大願？

佛教徒發的願，可分爲「通願」與「別願」。通願是一切佛教徒必發的願，除〈四弘誓願〉，是學佛的根本大願，也是一切諸佛菩薩必發的願外，文殊菩薩的〈淨行品〉一百四十一個願，也是學習菩薩道的重要發願。

別願是隨個人因緣和願力所成就的願，文殊菩薩的發願很有特色，在不同經典可看到他的不同願文，但是度衆的廣大悲心都是同樣動人。如深具代表性的《千缽經》（全稱《大乘瑜伽金剛性海曼殊室利千臂千缽大教王經》）「文殊十大願」，即是文殊菩薩爲度化衆生同入佛道，而發的願：

1. 若有一切衆生，所生三界，……同生三世，願佛知見。或未聞我名，令願得聞。及聞我名，於我法中。……共我有緣，得入佛道。

2. 若有衆生，毀謗於我、瞋恚於我、刑害殺我，是人於我自他，常生怨恨，不能得解，願共我有緣，令發菩提之心。

3.若有衆生，愛念我身，欲心見我，求得於我。於我身上、於他身上，盛行諂曲邪見顛倒，及生淨行、不淨行、諸惡不善，願共有緣，令發菩提之心。

4.若有衆生，輕慢於我，疑慮於我，枉壓於我，誑妄於我，毀謗三寶，憎嫉賢良，欺凌一切，常生不善，共我有緣，令發菩提之心。

5.若有衆生，賤我、薄我，……從我、不從我，見我、不見我，悉願共我有緣，令發菩提之心。

6.若有衆生，常生殺命，……殺心熾盛不生悔過，賣肉取財，自養性命，……於我有緣，令發菩提之心。

7.若有衆生，供養我者，我供養他者，……聽受我教，我受他教，同行同業，共我有緣，令發菩提之心。

8.若有衆生，廣造諸罪，墮於地獄，無有出期，……我於五道隨形受化，常生同世教化於人，或作貧窮困苦、盲聾瘖瘂、最下乞人，……同業導引，得入佛道，共我有緣，令發菩提之心。

9.若有衆生，縱恣身心，我慢貢高，故於我法中，汙泥佛法，師長弟子，無慚無愧，用僧佛錢，菩薩財物，殺生偷盜邪行，……廣造十惡，一切諸罪。死墮阿鼻，入諸地獄，……共我有緣，發菩提心求無上道。

10.若有衆生，當於我法，若我有緣，若我無緣，同我大願，則是我身，共我無別。行四無量心，心等虛空，廣度有情，無有休歇，願達菩提，登正覺路。

文殊菩薩的願力無邊，曾說只要同他大願，即與他無別，無論衆生待他如何，都要喚醒衆生的菩提心。他的願力如此深廣，難怪能守護諸佛菩薩成佛。

（李澄鋒　攝）

2

認識文殊諸佛之師

Question

13

文殊菩薩的名號意義爲何？

文殊菩薩，全名文殊師利菩薩，又稱曼殊室利菩薩、妙吉祥菩薩。梵語Mañjuśrī，音譯爲文殊師利、曼殊師利、曼殊室利等等，簡稱文殊、曼殊；意譯爲妙吉祥、妙德、妙樂、妙音、濡首、軟首、普首等等。通常會在名字後加上菩薩、法王子、童子、童眞等稱號。

瑞相妙吉祥

名號稱「妙吉祥」，是因文殊菩薩在古印度舍衛國出生時，家內出現十種吉祥瑞相：一、光明滿室，二、甘露盈庭，三、地湧七珍，四、神開伏藏，五、雞生鳳子，六、豬誕龍豚，七、馬產麒麟，八、牛生白澤，九、倉變金粟，十、象具六牙。

（王順正　攝）

名號為「妙德」，不可思議為妙，見佛性為德。如《思益經》所說：「雖說諸法，而不起法相、不起非法相，故名妙德。」

見賢思齊

大乘菩薩的名號，或依菩薩所修的法門，或依菩薩的德行，或依菩薩的本願而立名，由其名號即可知其特徵。我們雖沒有文殊菩薩的大智慧，但是如能聽聞他的名號，見賢思齊，觀其德行，發心學習，也能熏習瑞氣芳德。

Question 14

文殊菩薩爲何是諸佛之師？

文殊菩薩是過去無量諸佛之師，也是釋迦牟尼佛的老師。在許多經典中，都尊稱文殊菩薩爲諸佛之師、諸佛之母，不只因其智慧卓越，更因其悲願深廣。

無量諸佛之母，無量菩薩之師

文殊菩薩曾發下一個大願：十方法界如有一尊佛，非他所勸發成佛，護持修行，他自己便誓不成佛。因而《華嚴經》說：「文殊師利所有大願，非餘無量百千億那由他菩薩之所能有。……其行廣大，其願無邊，出生一切菩薩功德，無有休息。……文殊師利常爲無量百千億那由他諸佛母，常爲無量百千億那由他菩薩師，教化成熟一切衆生。」

（李澄鋒　攝）

七佛之師

文殊菩薩是「七佛之師」，包括「過去莊嚴劫」的毘婆尸佛、尸棄佛、毘舍浮佛三尊佛，「現在賢劫」的拘留孫佛、拘那含牟尼佛、迦葉佛、釋迦牟尼佛四尊佛，這七尊佛皆是由文殊菩薩所教導而得以成佛。

文殊菩薩既然是諸佛之師，佛弟子們發心成佛，自然應以文殊菩薩爲師，依文殊智慧用功學佛。

Question

15

文殊菩薩是諸佛之師，為何變成佛陀弟子？

文殊菩薩是三世佛母、七佛之師，是指導佛陀成佛的老師。

佛道中父母

釋迦牟尼佛於《放鉢經》說：「今我得佛，……皆文殊師利之恩，本是我師。前過去無央數諸佛，皆是文殊師利弟子，當來者亦是其威神力所致。譬如世間小兒有父母，文殊者佛道中父母也。」

那麼，文殊菩薩又為何會從佛陀的老師，而變成了學生呢？

二尊不並立

在《菩薩處胎經．文殊身變化品》中，文殊菩薩曾就此解說：「本爲能人師，今乃爲弟子。佛道極廣大，清淨無增減；或欲見佛身，二尊不並立。」原來，文殊菩薩雖然在過去世，曾是佛陀的老師，但是因爲一個世界，只能有一位法王教化，二尊不並立，所以文殊菩薩便選擇來到娑婆世界，權居於釋迦牟尼佛的弟子之位。

文殊菩薩本是古佛，只爲幫助佛陀度化衆生而乘願再來，既已不計生死，又怎會在意身居佛位或菩薩位，自己是老師還是學生呢？文殊菩薩的出生入死，不是凡夫隨業流轉的六道輪迴，而是乘願入世的佛光普照。

Question

16

文殊菩薩爲何被稱爲智慧第一？

般若智慧是成佛的關鍵，文殊菩薩被稱爲智慧第一，除在佛中，他是諸佛之師，無出其右者，在菩薩中，他也是上首菩薩，是地位最重要的菩薩之首，被視爲智慧的化身。

演說佛法，所向無敵

《佛印三昧經》說：「文殊師利菩薩最高才第一，光明智慧與諸菩薩絕異，無能及者。」世尊說法四十九年，談經三百餘會，舉凡大乘佛教法會，文殊菩薩幾乎都參與其中，協助佛陀宣揚大乘教理。處處顯露出文殊菩薩的絕妙睿智，往往總能深知佛意，助佛弘化。如《維摩詰經》中，全部佛弟子都不敢去維摩詰居士家探病，只有文殊菩薩當仁不讓，領衆前去，並與之暢論。

文殊菩薩不但智慧第一，辯才也是第一，他演說佛法的力量所向披靡，無論是聲聞、緣覺，或是群魔外道，都無可比擬。

佛於《文殊師利淨律經》中說：「文殊師利設說大法，一切衆魔皆爲降伏，諸邪迷惑無得人便，諸外異道莫不歸命；其貢高者不懷自大，未發意者皆發道心，已發道心立不退轉。」佛並因此讚歎文殊菩薩的智慧辯才，讓佛教正法長得久存：「自捨如來，未有他尊智慧辯才，頒宣典誥如文殊者也。」

啟發眾生智慧

一般人都嚮往自己是群龍之首，或智慧超群，希望表現最傑出。而文殊菩薩爲古佛時，發願成就所有諸佛開啓成佛智慧，退爲菩薩時，願爲度化衆生而不成佛。這樣的廣大願心與智慧，不同於有限的世間智慧，浩瀚無邊不可計量。

Question

17

文殊菩薩爲何稱爲法王子？

法王子是對菩薩的尊稱，佛爲法王，菩薩爲佛位繼承者，所以稱菩薩爲法王子。意即菩薩與如來法王的關係，猶如世間王子與國王的關係，而稱法王子。文殊菩薩是佛的繼承者，所以尊稱爲法王子。

古佛再來，智慧第一

或許有人會疑惑觀音、地藏等大菩薩，也具備候補佛位的資格，爲何不也稱他們爲法王子？這些菩薩確實是法王子，但是聖嚴法師於《觀音妙智——觀世音菩薩耳根圓通法門講要》說：「文殊師利菩薩在過去本來就是佛，他以童子身顯現菩薩相，所以在所有的菩薩之中，只有文殊師利菩薩經常被稱爲法王子，其他的菩薩很少有這樣的尊稱。」

（許翠谷　攝）

紹隆佛種而繼佛位

印順長老則於《藥師經講記》解說：「經中爲何獨以此名尊稱文殊？我們知道，佛果是由菩薩因行而來，菩薩因地有種種功德，而主要的是智慧；佛名覺者，也即大菩提；曼殊室利有高超的智慧，於諸菩薩中最爲第一，與佛的大菩提相近，若再進一步，便是大覺的佛陀了，故經裡處處稱讚他爲法王子。」

佛爲法中之王，於法自在。法王子者，能持法王印、行法王令；能號令人天、如法化世；能紹隆佛種、繼承佛位者，才可稱爲法王之子。因此，文殊於菩薩衆中智慧第一，助佛弘化，能承紹佛的家業，而且曾爲七佛之師，自是堪稱爲法王子。

Question

18

爲何文殊菩薩又稱文殊師利童子？

文殊菩薩常化身爲童子相，所以被稱爲文殊師利童子。童子是天眞純潔的，故以童子形容，代表菩薩的內心純淨，不像世故的大人虛僞、無情，能眞誠與人爲友，充滿熱情。對大乘佛教來說，童子是推廣菩薩道的先鋒，具有積極入世的勇健精神，樂於學習新知，吸收力強；在聲聞道裡能迴小向大，願發大乘心行菩薩道者，也是童子率先改變的。

青年的導師

出家菩薩裡最善於接引童子的是文殊菩薩，被稱爲是青年的導師，例如舍利弗尊者會下六千個青年比丘，原本都和舍利弗尊者一樣終日禪坐，雖是爲求了生死，卻反顯得暮氣沉沉，沒有青年僧應有的蓬勃朝氣。文殊菩薩鼓勵他們應教化眾生，行菩薩道。他們隨著文殊菩薩學法，不多時便證悟大乘佛法，不但學習力強，而且深入民間，熱誠向社會大眾宣揚大乘教義。

而在《華嚴經》中，善財童子也是受到文殊菩薩的鼓勵，立志學習大乘佛教的普賢行，所以南行參訪五十三位善知識，而有善財童子五十三參。

童子之心

佛教要能續佛慧命，推廣人間化、生活化、現代化的佛法，便需要注入新血輪，需要有源源不絕的生力軍加入。文殊師利童子不論是弘法的熱誠，說法的善巧方便，追求眞理的勇氣，在在都能帶動與鼓舞青年學佛。我們不但內在要保持著如同文殊菩薩的童子之心，也要有他弘法護教的熱情，樂於學習與分享，勇往直前，走在菩薩道最前端！

（釋圓貌　攝）

Question

19

文殊菩薩爲何是華嚴三聖之一？

因著宗派與供奉經典不同，華嚴三聖有兩種組合，一種是毘盧遮那佛居中，文殊、普賢菩薩分立兩旁，有時則是釋迦牟尼佛居中，文殊、普賢爲脇侍菩薩。無論是哪種組合，都少不了文殊菩薩。

華嚴三聖代表圓滿的修行，文殊菩薩主智門，立於毘盧遮那佛左側，象徵智、慧、證；普賢菩薩主理門，立於毘盧遮那佛右側，象徵理、定、行。左智右理兩者並重行菩薩道，才能抵達毘盧遮那佛理智、定慧、行證的圓滿無缺。

《華嚴經》因爲佛果不可說，而以文殊、普賢二菩薩爲說主，能信的深心爲文殊，所信的法界爲普賢。文殊勸修，能成法身本智；普賢大行，能成差別智行德，故以文殊、普賢配合毘盧遮那佛爲華嚴三聖，利樂一切衆生。

（法鼓文化資料照片）

Question

20

文殊菩薩有哪些常見造像？

文殊菩薩的造像，根據不同的佛經典籍、信仰發展，而有多元的變化面貌。

《維摩詰經》文殊像

最常見的的文殊菩薩造像，爲騎青獅，手持寶劍、蓮花，但是中國佛教信仰受《維摩詰經》的影響，而有不同造像風格。在龍門石窟、雲岡石窟、敦煌莫高窟等處，皆可見從《維摩詰經．文殊師利問疾品》衍生的畫面。

畫面中的文殊形象，以菩薩造型爲主，頭部有佛光，戴寶冠、佩瓔珞，除了少數爲站姿，多採坐姿。敦煌莫高窟第二二〇窟北壁壁面的維摩經變相，文殊菩薩坐於須彌台上，右手持如意，左手爲說法印，展現與維摩詰居士論辯的臨場感。這個對談故事深受東晉時代南方士大夫喜愛，因爲如意是中國士大夫的常用器物，所以手持如意與維摩詰高談闊論的文殊造像，也在漢地廣爲流行。

西元八世紀時，《維摩詰經》的信仰由長安傳至日本，文殊信仰卻發生轉變，藤原鎌足創始的維摩法會以癒病爲目標，奈良興福寺東金堂的維摩詰與文殊菩薩木作造像，變成藥師如來的脇侍菩薩。

《華嚴經》與五台山影響

《華嚴經》對文殊形象也深具影響力，南北朝以後，隨著華嚴思想流傳，五台山被視爲文殊菩薩所居的清涼山。日本僧人圓仁據《入唐求法巡禮行記》記載，他巡禮五台山時，曾見過很多騎青獅的文殊菩薩像。此種造型稱爲「新樣大聖文殊師利菩薩」，可能與文殊菩薩化現五台山的傳說有關。

（法鼓文化資料照片）

五台山得到朝廷的支持，在中唐以後成爲文殊信仰的重要道場。除從唐代起，寺院設僧形文殊像，宋代太尉呂惠卿遊五台山，也曾命畫工繪製草衣文殊，體黑髮長，身穿蒲衣，手持梵篋。

千鉢文殊與童子文殊

此外，密教典籍的漢譯，也讓文殊造像產生新風貌，如千臂千鉢文殊像、五髻文殊像。千臂千鉢的形象，主爲受不空三藏法師所譯的《千鉢經》影響，敦煌莫高窟第九十九窟南壁的文殊像，頭戴寶冠，身披瓔珞，結跏趺坐於蓮花座上，背光畫有千臂千鉢，每一鉢中有一尊佛，代表千佛智慧。

文殊像傳入日本後，揉合密教特徵造像，以根據眞言字數所製作的形象最有特色，包括一字（髻）、五字（髻）、八字（髻）等多種文殊。中日交流出的文殊像，童子文殊別具特色。如京都醍醐寺《文殊渡海圖》的五髻童子文殊，頭上有五髻五化佛，右手持寶劍，左手所持的青蓮花上有梵經，坐於獅背的蓮花座，旁有于闐國王、善財童子等。

無論文殊造像的風貌爲何，都呈現出文殊信仰流傳的軌跡，是豐富珍貴的文化寶藏。

Question

21 文殊菩薩爲何一手持劍、一手持經，還騎獅子？

文殊菩薩的常見造像，爲右手持劍，左手所執蓮花上有一部《般若心經》，威風凜凜騎乘在青獅背上。

智慧的象徵

不同於一般刀劍，文殊菩薩所持的是智慧劍，不是用於斬殺敵軍，而是象徵文殊大智能斷一切無明煩惱。劍表智慧，光照法界，威光是智的功用，劍也有理智之德，能斷妄念執著。蓮花象徵清淨無染，其上安置的《般若心經》，則代表般若智慧。

智慧威猛，伏一切煩惱

文殊菩薩爲衆菩薩之首，獅子則是萬獸之王，因此，文殊菩薩騎獅子相得益彰。文殊騎獅也代表智慧威猛，能降伏一切煩惱。

文殊菩薩此一造像，也成爲中國禪宗詩文的題材，如《龐居士語錄》便有詩云：「余有一寶劍，非是世間鐵。成來更不磨，晶晶白如雪。氣衝浮雲散，光照三千徹。吼作獅子聲，百獸皆腦裂。外國盡歸降，衆生悉磨滅。滅已復還生，還生作金鑰。帶將處處行，樂者即爲說。」

文殊菩薩為何一手持劍、一手持經，還騎獅子？

（李東陽　攝）

Question

22

文殊菩薩爲何執劍殺佛？

文殊菩薩是應佛陀的感召，由他方世界來到此地協助弘法，廣說大乘法。然而有一次，文殊卻冒著殺佛會下地獄的重罪，竟提劍指向佛陀。

超度五百弟子累世累劫難恕重罪

在《如幻三昧經》記載，有一次，文殊菩薩爲善住意天子說法，會中有五百位精進弟子看見自己前世因緣歷歷在目，被嚇得心驚膽顫。因爲他們看見自己累世累劫竟一而再、再而三犯下不可饒恕的重罪：「殺父殺母、殺阿羅漢」或「毀佛寺、破塔壞僧、亂聖衆」等大逆罪；甚至看見自己的父母輾轉輪迴爲畜生，被貪著口腹之欲的自己所宰殺……，至今餘報未盡。

面對過去所造惡業，有人心中疑悔不安，甚至產生退心，懷疑佛陀所說的法義，無法悟入更深的境界。就在此時，文殊菩薩從座位上一躍而起，整理衣服露出右肩，並抽出金剛寶劍，一步步朝佛陀進逼，高舉寶劍作勢要砍殺佛陀！「出佛身血」是要下無間地獄的重罪，衆人都被文殊菩薩的行徑嚇呆。

只見佛陀緩緩提起手來，要文殊菩薩住手，他說：「且止！且止！勿得造逆，當以善害。所以者何？皆從心發，因心生害。心已起頃，便成爲殺。」佛陀提醒文殊所有念頭來自內心，因爲有殺人的念頭，才會心起波瀾產生殺的動作，進而構成殺害之罪，而有感受罪殃之報。

然而世間一切諸法皆如幻如化，每個人的生命也是如幻如化，既沒有實在的我，亦沒有實在的人，一切皆空，那麼試問文殊菩薩執劍想殺的念頭來自哪裡？將來又會受到怎樣的業報？既然一切法皆如幻如化，起心動念也不可得，當然就

（李澄鋒　攝）

無所謂殺人和殺人的罪責了！

空性之劍

透過文殊菩薩以非常手段與佛陀合演一齣殺佛戲碼，讓五百位菩薩體悟諸法皆空，一切如幻，罪惡之性也如幻，現在爲曾經犯過的錯而憂悔，只是徒增困擾，毫無幫助！五百位弟子根器銳利，一點就懂，立即到達解脫境界，感動之餘以偈讚歎文殊。

文殊菩薩持劍的畫面，也成爲文殊的造像元素。文殊所拿的金剛劍是代佛說法的智慧劍，也就是空性之劍。在藏傳佛教的造像裡，智慧劍上有火焰，代表著光和熱，能夠照亮衆生本來就有，卻一直因爲執著、業力所障礙而看不清的無明煩惱。因此文殊所斬殺的並不是佛陀，而是衆生的執著。

而從這故事中，可以看到文殊菩薩不但與佛陀默契十足，文殊的教法，更是十分另類，他不做正面答覆、不層層剝解，常用反詰或否定的語言動作，直接顛覆對方的執著，堪稱是佛教界最「犀利」的菩薩。

Question

23

文殊菩薩爲何在夏居時與女子、兒童嬉戲？

在《文殊師利現寶藏經》裡，文殊菩薩現比丘相，成爲佛陀僧團弟子，與僧團被稱爲「頭陀第一」的大迦葉尊者有精彩的互動。

大迦葉尊者欲將文殊菩薩逐出僧團

文殊菩薩雖身在僧團，卻一點也不像出家衆，經常特立獨行，也不太遵守聲聞戒律。有一次三個月的結夏安居，僧團弟子聚集精舍精進，卻見不到文殊身影。直到安居結束，佛陀爲大衆講述戒規的重要，他才姍姍來遲，衆人見他衣著光鮮亮麗，問他這三個月跑去哪裡了，沒想到他回答：「吾在此舍衛城，於和悅王宮采女中，及諸淫女、小兒之中三月。」

（李澄鋒　攝）

原來在這三個月裡，文殊菩薩在王宮裡和宮女、孩子們廝混在一起。這番誇誕行徑，明顯毀壞戒律，馬上引來大迦葉尊者的注目，爲了維持僧團清淨，他當場拿起犍椎要將文殊趕出僧團。

眼看雙方的衝突一觸即發，佛陀立刻提醒文殊菩薩：「迦葉要趕你出去，你也該示現境界，不要讓大家誤會你。」於是，文殊立刻進入三昧，大顯神通，只見無量世界的每個世界，同時出現千萬個文殊，場面驚人。佛陀問大迦葉尊者：「迦葉！你現在想逐出的是哪個文殊呢？」只見大迦葉尊者高舉著犍椎，楞在那裡，不知如何是好？

大乘佛法的方便善巧

佛陀告訴大迦葉尊者：「文殊的善巧修行不是一般聲聞弟子所能了解。剛剛所看到的十方佛國，每一佛的身邊都有一名文殊陪伴。此地雖不見文殊，文殊卻普現於十方。」其實這三個月，文殊在舍衛城內開解了五百名女子的心中疑惑，讓她們欣然接受教化，又讓五百童子及五百童女對佛法產生信心，引導他們走向成佛之道。

誠如經中所說：「人之本行若干不同，亦爲說若干種法而得入道。」這故事中明白指出千萬衆生有千萬種需要，自然有千萬不同的修行度化方法，如果固守戒律，硬用一套模式強加在他人身上，反而是一種執著。而相較於聲聞弟子的固守戒律，文殊菩薩的荒誕不羈，凸顯出大乘佛法的方便善巧，文殊菩薩的鮮明形象，象徵著大乘佛法的創造與突破。

Question
24 文殊菩薩如何與維摩詰居士問疾？

與文殊菩薩一樣，維摩詰居士也是他方世界的菩薩，只不過維摩詰現居士相。根據《維摩詰經》的描述，他家境富有、婢僕成群，從不忌諱擁有世間的享受。雖在俗塵，卻精通大乘佛教義理，辯才無礙。也經常出入尋常百姓家中，甚至到妓院、酒家、賭場，行爲不拘常格，隨機設教，都是爲了教化衆生而行的方便，很受大衆的景仰。

文殊菩薩接受問疾挑戰

有一次，爲了方便引導世人，維摩詰居士示現有病，佛陀派遣弟子前往問候，沒想到十大弟子全部拒絕，因爲每位弟子在最爲人稱道的修行上，不論是神通、禪坐、辯才，都被維摩詰居士一一加以破除而無法應對，所以自認無法勝任探病的任務。佛陀只好改請文殊菩薩接受挑戰。

維摩詰居士得知文殊菩薩要來，什麼也不準備，反運用神通除去房間裡所有擺設，只留一張床。首先文殊問病，表達佛陀關心，而維摩詰則以「其子得病，父母亦病；若子病愈父母亦愈」，指出菩薩之所以得病，乃因眾生有病，菩薩不捨而起大悲心，所以得病。

隨後，文殊菩薩又以「斗室空盪」問維摩詰居士是不是沒人送來供養，而維摩詰則答以：「諸佛國土，亦復皆空。」就在這斗大的房間理，兩人一問一答闡明空境，敷演大乘佛教義理。

真入不二法門

最後說到如何通達「不二法門」的佛道。有三十二位菩薩各自說出自己體悟的不二法門，各人均以二而解說不二。最後問到文殊菩薩，文殊回答：「於一切法無言、無說、無示、無識、離諸問答，是爲不二法門。」文殊接著轉問維摩詰居士對於不二法門的看法？維摩詰默然無言。文殊讚歎：「善哉！乃至無有文字語言，是眞入不二法門。」

「不二」就是唯一的意思，唯一的眞理就是佛性，萬法性空無有差別，一切煩惱根源都在於人們認知上有虛妄分別，因著煩惱造出種種業。文殊菩薩與維摩詰居士的滔滔口才來談不二法門，最後是卻無話可說的「默然」。

文殊菩薩與維摩詰居士兩人一唱一和演說大乘法義，儘管《維摩經》的說法者以維摩詰爲主，但文殊的問病問法，及最後對「不二法門」的贊許，都顯示出其對大乘法義的認同。相較於被維摩詰斥責的聲聞弟子，文殊代爲問法問病的動作，也顯示文殊的形象特質，就是引導衆生追尋大乘法義，走向究竟的成佛之道。

Question

25

文殊菩薩爲何彈偏斥小、不重聲聞戒律？

文殊菩薩在大乘佛教經典中，常常彈偏斥小，既彈偏二乘的偏空，也排斥小乘的自利，目的是爲了啓發衆生，達到深悟。因此，可以說怒目金剛，也是爲了方便度衆。

以大斥小的原因

由於大乘經典傳出、盛行時，與傳統的部派佛教，有了對立的傾向，所以在大乘經典中，才會看到文殊菩薩貶抑聲聞弟子的立場。

其中，不管是頭陀第一的大迦葉尊者，還是智慧第一的舍利弗尊者，都曾領教過文殊的犀利，這些聲聞弟子，在辯才無礙、智慧高超的文殊面前，一個個都

（李佳純　攝）

成爲智慧不足、悲心不深、願力不夠的凡夫，凸顯出文殊所演繹的最勝義法，層次、境界都遠勝於聲聞乘。

我們不能只見文殊菩薩外在的特立獨行，而忽略他眞正的悲心。如文殊菩薩不住僧寺，反倒前往王宮與女子、兒童遊玩，以致大迦葉尊者要集合大衆，宣告將他趕出僧團，後來才發現，文殊是去度化那些衆生。

菩薩的度眾悲心

因此，不能誤解文殊菩薩，反對、彈斥聲聞乘的修行，漠視戒律。文殊菩薩的批判初衷，終究是希望聲聞乘能究竟成佛，避免落入自我解脫的滿足。如果硬是要用大小乘、鈍利根去區分，則反而又陷入另一種框架，自我設限了。

Question

26

五台山爲何是文殊菩薩聖地？

根據大乘經典漢譯的先後，文殊可說是菩薩信仰中第一位傳入中國的菩薩，當時正值東漢末年，西域高僧安世高、支婁迦讖相繼來到漢地譯經弘法，中國民眾從翻譯典籍中首度接觸到了文殊菩薩。而《華嚴經・菩薩住處品》、《佛說文殊師利般涅槃經》等經典中多處提到，文殊菩薩遊行說法的地方就在「東北方有處，名清涼山」，於是終年雲霧繚繞、氣勢磅礴的五台山符合聖地條件，成了文殊信仰者的寄託。

中國皇帝的守護神

根據《清涼山志》的記載，佛教傳入五台山始於北魏孝文帝，但五台山眞正被形塑爲文殊聖地並達到巔峰，則始自唐朝。由於大唐開國皇帝李淵起兵山西太

（許翠谷　攝）

原而得天下，所以山西境內的五台山便被視為「龍興之地」，唐朝歷代許多皇帝都曾在五台造寺或修葺道場，武則天甚至派人將五台山聖蹟畫成《五台山圖》，且自稱「神遊五頂」，讓五台山成為名震中外的佛教聖山，「朝五台、禮文殊」的風氣盛極一時。

而中唐以後連年戰爭、民不聊生，皇室便透過密教經典的傳譯，宣揚文殊護國救世的功能，試圖穩定政局，例如《千缽經》、《文殊師利寶藏陀羅尼經》中都指出，信仰文殊、持文殊咒就能消災解厄、國泰民安，於是智慧第一的文殊菩薩搖身一變，成了護國衛民的神祇。

塑造文殊化身的轉輪聖王

密教的興起也強化了五台山、文殊信仰和國家權力間的關係，唐代宗大曆四年時，不但不空三藏法師奏請朝廷在各佛寺食堂安置文殊像，三年後又在中國境內所有佛寺廣設文殊院，實現了以五台山為中心的金剛界曼荼羅思想。

唐朝皇室打造了新文殊，到了清朝，王權神化的思想更發揮到了極致，乾隆甚至扮演起文殊菩薩，透過圖像、讚頌，將自己塑造為文殊化身的轉輪聖王，藉此在密教盛行的蒙藏地區建立威望，並以五台山做為拉攏蒙、藏政教領袖的樞紐，鞏固大清的統治權。

由於政治力量的強大影響，文殊信仰隨著政局起伏，而出現消長流轉，從印度大乘佛教發展至此，文殊信仰有了全然不同的樣貌。

Question

27

虛雲老和尚爲何會遇見文殊菩薩？

虛雲老和尚一生極具傳奇色彩，遭遇許多磨難考驗，稱爲十難四十八奇，其中有兩難便與文殊菩薩有關。《虛雲和尚年譜》記載，他爲報母恩，發願從普陀山三步一拜朝禮五台山時，曾有兩次處於生死關頭，幸得文殊菩薩化身解救。

乞丐文吉二度救命

原本有四位禪者被虛雲老和尚的願心感動，隨他從普陀山法華庵起香，前往五台山，但是路途艱辛，歷時漫長，所以禪者們只能放棄離開，只有虛雲老和尚仍勇往直前。朝拜至黃河時，正值隆冬大雪，虛雲老和尚便於一空茅棚內避雪。不料大雪連日不止，老和尚飽受飢寒險些命絕時，突然出現一位乞丐烤火煮黃米粥救了他。乞丐說他：「姓文名吉，來自五台，人皆識我。」

老和尚途中雖痢疾腹痛，仍不放棄朝山，朝至黃沙嶺一處破廟時，終於不支倒地，當時沒有過往行人，只能閉目待斃。結果，乞丐文吉再次現身救他，不但施藥煮粥，幫他換洗衣服，甚至告訴他：「你誠孝心堅固，也算難得，我今回五台，也沒有什麼急事，我願代你負行李，伴送行程，你只管前拜，輕累許多，心不二念。」由於文吉的一路照顧，讓老和尚能專心朝山。

願心堅定不移

當虛雲老和尚終於到達五台山，卻遍尋不著文吉，直到有一老僧告知他：「此『文吉』實乃文殊菩薩化身也。」老和尚才恍然大悟，知是文殊菩薩兩度化身來救。文殊菩薩會現身幫助老和尚度過兩次難關，皆因老和尚的朝山信心堅定，而能與菩薩感應道交。

（釋常護　攝）

Question

28

在五台山能見到文殊菩薩嗎？

古往今來，很多人朝禮五台山的目的，都是為了親睹文殊菩薩。而不論是漢傳佛教或藏傳佛教，都有很多大修行者是文殊菩薩的傳說，如杜順法師、寒山法師、宗喀巴大師等等，甚至順治、乾隆等清朝皇帝，也被稱為「文殊大皇帝」。

誰是文殊菩薩？

在五台山，歷來也有很多文殊菩薩顯現化身，為人指點迷津的故事。而這些故事的重點，幾乎都不在於是否真的遇見文殊菩薩，而在破除人們執迷不悟的執著心。

例如知名的華嚴宗初祖杜順法師，便有不同版本的文殊化身傳說。根據《法界宗五祖略記》記載，曾有一弟子向杜順法師辭行，想前往五台山禮拜文殊菩薩。杜順法師微笑說：「遊子漫波波，台山禮土坡，文殊祇這是，何處覓彌陀？」弟子不解其意便離開了。

弟子到五台山時，遇一老人問他來訪原因，他說：「爲禮文殊菩薩。」老人說：「文殊菩薩已去長安教化衆生。」弟子一頭霧水地問：「誰是文殊菩薩？」老人說：「杜順和尚。」弟子大吃一驚說：「是我師父啊！」等他急忙忙趕回寺裡，杜順法師已於前一日圓寂了。

衆生平等，文殊遍在

類似這樣當面錯過文殊菩薩的故事，都在勉勵人要把握當下，莫心外求法。如果能以文殊法門教導衆生平等精神，視所有衆生爲現前菩薩、爲未來佛，何愁文殊菩薩不現身呢？

（許翠谷　攝）

3

學習文殊有方法

Question

29

文殊法門有何特色？

文殊菩薩的智慧法門經典眾多，呈現百花齊放的盛景，但有其他經典較少見的三大特色：不二法門、煩惱即菩提、諸法平等。

不二法門、煩惱即菩提、諸法平等

《維摩詰經》所標榜的「不二法門」，主要是破除二元對立的思惟模式。對種種世間看似對立的事物或觀念，解釋它們的本質其實一樣的，為不二、無差別的，目的在破除眾生的分別執著，隨時保持不落二邊的自覺。當心存這一份覺知，即使遇到煩惱，也能保持正念加以覺察，而不與煩惱對立。由此進一步衍生出文殊法門的另一特色「煩惱即菩提」。

一般法門重在訶責與避開煩惱，使之不生起。而文殊法門因爲不落兩邊的態度，強調覺察煩惱、轉化煩惱，讓煩惱變成菩提資糧。而不論是「煩惱即菩提」，還是「不二法門」，文殊法門所要強調的，都是大乘佛法所強調的「諸法平等」思想。

以毒攻毒，顛覆、另類的教法

爲此所表現出來的形式，則是「善用方便」、「以大斥小」的手法。在許多經典中常可以看到文殊菩薩以外道模樣去度化外道，有時還到宮中安居，以度化宮女、僕役，這都是他方便教化的方法，但是對傳統佛教而言，這樣的作法卻是相當強烈的挑戰與顛覆。

印順長老在《初期大乘佛教之起源與開展》一書，以「平淡的藥，治不了重病」比喻文殊教法是以毒攻毒的下重藥，即使聽衆無法接受，起了驚恐怖畏的

（李東陽　攝）

心，進而誹毀大乘、墮入地獄也無妨。

禪宗說修行過程，從愚癡到達覺悟，過程猶如大死一番。文殊菩薩爲度化我們，不畏說深法、下猛藥，我們修學文殊法門，也要有大死一番的氣魄與決心！

Question
30

修持文殊法門可得哪六種智慧？

修持文殊法門，可得六種不同智慧，即速慧、深慧、廣慧、說法慧、辯法慧與撰述慧。

1. **速慧**：具速慧的人，見一字可知多達百種內義，而一般人見文，大多只知一種意義。
2. **深慧**：具深慧的人，目光獨到，見解精闢。
3. **廣慧**：具廣慧的人，擁有多方面的智慧，運用自如。
4. **說法慧**：有說法慧的人，善於講解經典，講經說法極爲善巧，容易理解。
5. **辯法慧**：有辯法慧的人，善於表述佛理，精於辯論法義，口才流暢，辯答無礙。
6. **撰述慧**：有撰述慧的人，具有寫作法義論著的妙筆。

（許翠谷　攝）

修持文殊法門除了這六種具體的智慧，還有很多益處，增長智慧雖然只是其一，但是擁有智慧，能讓我們修行不迷失方向，更能廣行菩薩道。

Question

31

爲何文殊菩薩要提出不二法門？

綜觀文殊法門相關的經典，可以發現文殊法門不似原始佛教，從觀察無常、無我、苦、空而入涅槃，而是依著自己體悟的勝義，以直捷的開示，使人能夠當下悟入。

因此，文殊法門表現的方式非常另類創新，在語言上，常使用反詰、否定、超越常情的語句，在《阿闍世王經》中，阿闍世王後悔自己造了殺父的逆罪，所以請文殊菩薩說法，沒想到文殊菩薩不但沒安慰他，反而說就是多如恆河沙數的佛，也無法解除他內心的疑悔。

讓修學者避免陷入執著

文殊菩薩這種特異獨行的教化方式，是一種教化的大方便，例如他專門挑戰聲聞弟子，經常辯論，將他們所認定的佛法加以否定、超越、顛覆，種種的一切，就是讓修學者避免陷入執著。

文殊菩薩的教法重在思想的啓發、誘導，常用誇張獨特的語法，否定對方的執著，是一種不按牌理出牌的另類教化。因此，必須要很有彈性，用非常善巧的方便方法，才能讓不同的根性的衆生，在不同的契機上得到受用。

但是打破形式是一種層次，而堅持打破形式，則又可能陷入另一種執著。兩者之間的彈性拿捏，需要透過訓練，如果未經覺察，只想方便行事，反而會濫用方便，而造成更多問題。

也因此，文殊法門在方便之外，又開展出「不二法門」。如在《維摩詰經》裡的無聲說法，以文殊菩薩的「無言無說」，以及維摩詰居士的「默然無語」表達對「不二」的趣入。

不二法門跳脫二元對立

文殊菩薩的不二法門，其實與龍樹菩薩的中觀教法非常契合。深受文殊思想啓發的龍樹，其開展的「不著空、不執有」離二邊的中道思想，就是跳脫大、小乘佛教對「空」、「有」的二元對立，卻又會通兩者的見解。

落實在生活上，就是不盲目地接受生活中所發生的問題，什麼事都說「讚」，也不是什麼事都採取對立「爲反對而反對」。因此不二法門非常契合現代社會，在時代巨輪的滾動下，它既是潤滑劑，同時也是止滑劑。

Question

32

文殊菩薩爲何鼓勵修學觀音菩薩的耳根圓通法門？

《楞嚴經》裡記載了二十五位大菩薩，向佛陀分別報告他們悟道的修行法門，佛陀讓文殊菩薩做一評估，看哪一個法門最適合娑婆世界眾生修學？

文殊菩薩也修耳根圓通法門

文殊菩薩建議修學觀音菩薩耳根圓通法門，不只他自己是因此悟道，過去諸佛菩薩莫不如是悟道。由此可知，耳根圓通法門，是諸佛菩薩證悟的共法。

文殊菩薩對佛陀說：「佛出娑婆界，此方眞教體，清淨在音聞；欲取三摩提，實以聞中入。離苦得解脫，良哉觀世音，於恆沙劫中，入微塵佛國，得大自在力，無畏施衆生。妙音觀世音，梵音海潮音，救世悉安寧，出世獲常住。」

三摩提即是三摩地，爲大乘佛法的定，是佛的大定，也就是法門所謂的圓通。文殊菩薩認爲，在佛出現的娑婆世界裡，佛教所依止的根本，在於用音聞，用耳朵聽聞聲音，使衆生得到清淨。因此，如果想要入三摩提，還是要從耳朵聽聞聲音著手。

娑婆眾生耳根最利

《楞嚴經》裡的二十五位大菩薩，每一位的修行法門都很好，但是以觀音菩薩用耳根來修行的法門最佳，因爲它具備了三個條件：圓滿眞實、通達眞實、恆常眞實。所謂「眞實」，不是方便虛妄，而是實在的。娑婆世界的衆生耳根最利，以修習觀音菩薩的「耳根圓通法門」最爲方便，也最容易成就。

Question
33
如何修文殊菩薩持名？

修持文殊法門最簡便的方法，即是一心虔敬稱念文殊菩薩的聖號「南無大智文殊師利菩薩」，也可簡稱「南無文殊菩薩」。

在持念聖號時，可觀想文殊菩薩。剛開始持誦時，會聽到自己的聲音，但漸漸地要將聲音忘除，要與聖號合一。稱念文殊聖號時，專注一心，對於培養專注力具有很大助益，持名也是文殊法門最易入手處的修法。

受持文殊菩薩聖號的功德，可使人們得到無上、無我的智慧，在《大寶積經．文殊師利授記會》裡提及，衆生只要受持任何佛的聖號，都可獲得無上的功德，如果有人持念文殊師利菩薩名者，所獲的功德更勝於千倍。

（李澄鋒　攝）

Question 34

如何修文殊菩薩咒語？

文殊菩薩的咒語衆多，較爲人知的是一字咒、五字咒、六字咒、八字咒等。最盛行、最爲人熟悉的則是〈文殊五字咒〉，漢譯爲「唵阿囉跛者曩地」（om a ra pa ca na dih），藏譯爲「嗡阿惹巴札那帝」。本咒字數不計咒語起始字「唵」（om），其他字數以梵文悉曇字的字數爲準，漢譯多一字。

獲得智慧成就

根據《金剛頂經瑜伽文殊師利菩薩法》所述，持誦〈文殊五字咒〉可得到很大的功德，不僅可以消除罪障，還可辯才無礙，所求皆能圓滿等等，又說：「一切如來所說法，攝入五字陀羅尼中，能令衆生般若波羅蜜多成就。」〈文殊五字咒〉總攝一切佛所說的法，而所謂般若波羅蜜多成就，即智慧成就，所以佛教徒

（李澄鋒　攝）

認為持誦〈文殊五字咒〉，可獲得智慧成就，且持此一咒就包含一切如來所說法。如果能夠常持本咒，能使人慢慢開啓智慧之門。

文殊菩薩是智慧的體現

在西藏地區，十分盛行修持〈文殊五字咒〉，因為藏人相信文殊菩薩是智慧的體現，就像觀音是慈悲的化身，所以幾乎人人都會持誦。不過，雖然每個人皆能念誦文殊心咒，但最好還是能得到口傳，也就是請得到這個傳承的法師，為自己口誦一遍，而自己專注聆聽，才會得到文殊菩薩與傳承上師們的加持。

Question 35

什麼是〈文殊讚〉？

文殊信仰在藏傳佛教十分興盛，故佛教徒普遍修持文殊法門，〈文殊讚〉為常見的文殊修持儀軌，為對文殊師利身、語、意三者的讚頌，歷來版本眾多，提供觀空法師的中譯本為參考。

敬禮孺童相文殊師利菩薩摩訶薩

誰之智慧，離二障雲，猶如淨日極明朗，所有諸義，如實觀故，胸間執持般若函。諸有於此，生死牢獄，無明暗覆苦所逼，眾生海中，悲同一子，具足六十韻音語。如大雷震，煩惱睡起，業之鐵索為解脫，無明暗除，苦之苗芽，盡皆為斷揮寶劍。從本清淨，究竟十地，功德身圓，佛子最勝體。百一十二，相好莊嚴，除我心暗，敬禮妙吉祥。

此一版本緣起於印度的那爛陀寺，傳說當時寺院的大經堂剛興建完成，堪布要求寺內五百位班智達分別寫出對文殊菩薩的讚頌，結果他們隔天交出的五百篇祝禱文，竟然完全一致。因此，他們這一巧合，必是文殊菩薩的加持所致。

藏傳佛教徒常參加文殊法會，希望藉此來累積功德，以獲得文殊菩薩的加持。文殊法會上通常會誦〈文殊讚〉，依序進行「息、增、懷、誅」四部法，獲得息災、迎財、植福、除障等修行資源與現世利益，主法法師也會開示修持文殊法的功德，最後是火供（燃燒藏香草與藏藥草），據說可以加速除去一切修行障礙，獲得文殊本尊的加持。

自從藏傳佛教傳入臺灣後，文殊祈福法會即很受佛教徒歡迎，結合了臺灣的民情風俗，每逢考季，許多考生家長也會參加法會，希望文殊菩薩加持，讓孩子考運亨通。

Question

36

文殊菩薩如何說懺悔法？

大智文殊菩薩所說的懺悔法，懺悔觀已與大乘般若思想結合，由《文殊悔過經》即可得知。這是初期大乘佛教，廣爲流傳的文殊菩薩懺悔法門。《文殊悔過經》也稱《五體悔過經》，五體是指五體投地禮佛，即禮佛悔過，所介紹的懺法，不只是懺悔事項的事懺，也是觀罪性空的理懺。

未識般若真相而迷惑造罪

本經的起源是文殊菩薩爲三乘大衆說法，結果有初發心的菩薩無法守戒，心行有缺失，所以請教文殊菩薩「無罪之事，悔過之義」。文殊菩薩因此而詳細解說，如何以空觀懺悔，明白罪性本空。從而知道造罪原因，是因未識般若眞相，產生種種迷惑，要眞正悔過。文殊菩薩於《文殊悔過經》，解說懺悔、隨喜、請法、興供、迴向、發願諸法，讓五百位菩薩皆得悟道，佛也爲之讚歎。

懺悔心清淨

修行即是修心，如果心不安定，修行便無法得力。如果希望學文殊智慧，斷無明煩惱，可以透過懺悔法門恢復清淨心。

（李澄鋒　攝）

Question

37

文殊菩薩有哪些重要經典？

關於文殊菩薩的經典，多達一百多種，較爲人知的是《文殊師利所說般若波羅蜜經》、《大寶積經》、《佛說文殊師利般涅槃經》、《文殊師利問菩提經》、《佛說文殊菩薩最勝眞實名義經》等等。

經典中的文殊妙智

在漢傳佛教裡，一般人最熟悉的應是《維摩詰經》，經中描述維摩詰居士生病時，無人敢去探視，最後佛陀派出文殊菩薩，也因此激盪出「煩惱即菩提」的不二法門。此外還有《大佛頂首楞嚴經》，描述佛陀派文殊菩薩去保護阿難，並教阿難持〈楞嚴神咒〉，不受摩登伽女誘惑，之後佛陀開解阿難的迷惑和心結，再由二十五位大菩薩講述他們成就的心得，最後由文殊菩薩總結。

（許翠谷　攝）

漢譯佛典的文殊法門

印順長老在《初期大乘佛教之起源與開展》介紹文殊師利法門時，將現存漢譯的文殊經典，最能傳達出文殊精神的經典分爲三類，一是佛爲文殊菩薩所說；二是以文殊菩薩爲主體或部分參加問答的，也是「文殊師利法門」的主要依據；三是沒有參與論議，意外被提到。

而藏傳佛教中修持文殊法者，則必誦《佛說文殊菩薩最勝眞實名義經》，據說格魯派創始者宗喀巴大師自幼便持誦此經，他更被視爲文殊菩薩的化身。這部經典主要是由偈子組成，且常配合上師傳授的心法，以讀經做爲定課。藏傳佛教徒相信誦此經可增長智慧，對空性有更深的體會。

Question

38

如何用文殊法門禪淨雙修？

修禪者以念佛來禪淨雙修，早在禪宗四祖道信的〈入道安心要方便法門〉，便以《文殊般若經》的念佛法門，勸導大家依此修行：「繫心一佛，專稱名字。」由此可知，禪宗修行也使用持名念佛。

持名念佛的方法，在達到一心不亂時，心即與佛相應，即能「一念相應一念佛，念念相應念念佛」。

一行三昧

「一行三昧」修行方法，始於《文殊般若經》，文殊法門的一行三昧，能助人一心用功。一行三昧的含意為「法界一相，繫緣法界」，強調法界無差別相。

（釋常護　攝）

一行三昧主要的修行方式有二種：

1. 無相的般若法門：先聽聞、修學般若波羅蜜，再繫緣法界一相，也就是直接緣無相，才真正能進入一行三昧，方法上最直接。

2. 有相的念佛法門：以持名念佛入手，先持佛號繫心，再進入「無相念佛」，而體證「諸佛、法界，無差別相」的無相法門。

由於無相的般若法門，一般人不容易有著力點，所以有相的念佛法門，採用「持名念佛」，是修持文殊法門的清楚易行方法。

從有相念佛到無相念佛

聖嚴法師在《聖嚴法師教淨土法門》，提到修「一行三昧」與「念佛三昧」相同，都要稱念佛的名號。即是心繫於所念的佛號，如果能夠不斷稱誦，念念不斷，前念後念，念念相續。透過持名念佛、專心念佛、一心念佛，就能進入「一行三昧」的無相念佛。

因此想要修持文殊法門，可以先從有相的持名念佛入手，慢慢進入無相法門，也就是進入般若法門。

Question

39

文殊菩薩爲何開示〈淨行品〉？

〈淨行品〉是八十卷《華嚴經》的第十一品，此品請法主角智首菩薩向文殊師利菩薩提問：做爲一個菩薩，如何清淨身、口、意三業，自利利他，成就佛道，共一百一十個問題。文殊菩薩則羅列一百四十一種日常生活所緣，指導凡夫若能每天善用己心，念念不離衆生，把握當下隨事發願，爲一切衆生發心，就能一躍成爲菩薩。

精進用功、見賢思齊的目標

〈淨行品〉行文簡潔，可分二部分：智首菩薩提問、文殊菩薩回答。

智首菩薩向會主文殊菩薩所提「如何成佛」的問題，以「十」爲單位，把佛

（釋常鐸　攝）

陀具足的圓滿功德，一項一項提出來問。全部的問題分成十一段，每段都有十道提問，共一百一十個問題。智首菩薩的提問等於是開了一份課程進度表，可做爲學佛者精進用功、見賢思齊的目標。

聽了一百一十個如何成佛的提問，文殊菩薩歡喜讚歎智首菩薩並非爲自己提問，而是爲饒益、安穩世間和利樂天人而問。文殊菩薩便以「善用其心」一法，總答智首菩薩的提問，指出若能在生活善用己心，身、語、意三業都會清淨，因此又分別提出了一百四十一條願行，做爲淨化身心的指南，也是〈淨行品〉經文的中心點。

念念化為願力

文殊菩薩具體地從日常生活切入，不論吃飯、洗澡、走路、打坐、人際交流，從早到晚一日的生活裡，面對任何人事外境時，念念都可化爲願力。

〈淨行品〉所闡述的行持，是於六根的行境和日常生活的行爲舉止中，發起利益眾生的菩提心，這樣的行持具有迴向的功能，更是一種願力的展現，同時也是防護心念和增長福德的行徑。因此，古德將〈淨行品〉視爲戒行的具體實踐，淨行兼具解脫戒和菩薩戒的功能，而且也是一種願行，是守護心念的方法，以及鍛鍊菩薩道的基礎方便法。

Question

40

文殊菩薩如何教導持戒？

由於文殊菩薩身在僧團，卻常特立獨行，不遵守僧團戒律規定，有的人便誤以爲文殊菩薩不持守戒法，一樣智慧第一，所以自己也可以隨心所欲，不被戒條束縛。這是非常大的錯解。

文殊菩薩持戒嚴謹

文殊菩薩很重視戒法，曾向佛請教如何受戒、持戒。例如於《文殊師利問經》裡，文殊菩薩請佛依序開示世間戒、出世間戒、上出世間戒、菩薩受戒方法。其中於講解三皈依時，佛特別勉勵說：「發誓至菩提，歸依於三寶，受持十種戒，亦誓至菩提；六度及四等，皆當令具足，如是修行者，與大乘相應。」

文殊菩薩曾經告訴其他菩薩說：「我從一發心學佛，就持不偷盜戒，所以沒有人會偷我的東西，即使我把貴重物品丟棄於地，也不會有人拿走。」有些菩薩不相信，要他把最值錢的物品放在城門，如果三天都不遺失，就證明所說不假。於是文殊菩薩就拿出最值錢的寶珠做試驗，雖然城門那裡人來人往，卻眞的沒有人取走寶珠。大家因此都相信文殊菩薩持不偷盜戒的功德力。

由此可知，即使大智如文殊菩薩，也不輕忽持守最基本的五戒。佛教徒最基本的五戒：不殺生、不偷盜、不邪淫、不妄語、不飲酒，看似簡單，其實是守護自己身心的力量，更是開啓智慧的基礎。

重視大乘菩薩精神

文殊菩薩不但重視大乘佛教持戒的菩薩精神，希望不殺生、不食肉，而且廣用各種善巧方便來度衆。

例如有次文殊菩薩看見好幾個人在追趕逃命的豬，便說：「殺豬不必勞動這麼多人，我一人就足夠了。」屠夫便雇用他來殺豬。不料，文殊菩薩以人名喚了豬來，屠夫卻非常驚恐說：「別殺這頭豬，改換別頭！」改喊別頭豬名字，屠夫也急喊：「別殺！」原來，文殊菩薩喊的正是屠夫父母的名字，他們生前以殺豬為業，所以投胎成豬。屠夫知道後便改行，再也不殺生了。

除了基本的三皈五戒及菩薩戒，《華嚴經·淨行品》的一百四十一願，更是文殊菩薩留給我們的珍貴修行指南。菩薩道的修行精神，不只是不犯戒，更重要的為利益眾生發心，廣發好願，廣行善事，念念不捨眾生，成就菩提。

（釋常護　攝）

4

成為妙智文殊

Question 41

如何效法文殊菩薩跳出思考框架，創意思考？

很多公司希望開發創意產品，所以常常召開動腦會議。如果文殊菩薩也化身爲現代人，應該會是位點子王，會有很多超乎想像、不可思議的發想建議。

放下煩惱，給自己創意空間

當人們急於表現自我，希望追求源源不絕的創意時，往往反而只能複製別人的想法與作品，因爲緊繃的身心，只會積聚煩惱，無法成爲創意聚寶盆。當頭腦都塞滿了煩惱，如何能產生新的靈感呢？要先放鬆身心、放下自我，才能有新的創意空間。

（李蓉生　攝）

不自我設限，才能創意無限

文殊法門教法之所以特別，認爲煩惱即菩提，文殊菩薩之所有能有與衆不同的修行觀點，以及許多度化衆生的善巧方便，即是因爲他的空性智慧。放下了自我，反而能不自我設限，發現無限可能。當不執著己見，甚至不執著過去、現在、未來，便能不斷超越自我，跳脫瓶頸。能夠不受限於新舊、好壞、美醜種種觀點與作法，就能突破舊作，蛻變新生。

Question

42

如何學習文殊菩薩辯才無礙，自在溝通？

文殊菩薩辯才第一，反應機智，成為讓人羨慕的對象。很多人只看到文殊菩薩言語的犀利，卻沒有發現蘊藏其中的悲心，很多經典問答都是因此而成就。文殊菩薩雖然言行常常破格，貌似不守紀律，其實都是在打破人們執而不化的成見。在與大眾溝通時，文殊菩薩的言談也有很多善巧方便，讓人容易感動親近與歡喜接納，值得我們學習。

都有清淨無染的佛性

例如《舊雜譬喻經》裡，有個國家全民皆凶暴難化，所以佛陀率五百弟子到鄰國時，心高氣傲的弟子們便自願前往度化他們。結果神通第一的目犍連尊者，竟然遭受鞭打、辱罵，智慧第一的舍利弗尊者，以為自己能以智慧化導惡民，結果一樣被唾罵，所有五百位大阿羅漢，全都無功而返。

阿難尊者見此非常憂慮，佛陀慈祥地告訴阿難：「雖然他們看起來好像無藥可救，可是他們和五百大阿羅漢一樣，都有清淨無染的佛性。」因此，佛陀不放棄地派遣文殊菩薩前往教化。

權巧方便，深得民心

文殊菩薩不像五百羅漢的作法，一去就急著立刻弘法，反而不斷讚歎每個人的優點，稱他們爲賢者，甚至在國王面前誇獎他們，這些讚歎的言語很快傳遍大街小巷，讓全國人民都喜不自勝，視文殊菩薩爲知音，絡繹不絕攜帶珍寶來供養文殊菩薩。結果文殊菩薩說：「供養我，不如供養我的老師，福倍無量。」大眾便隨他前往見佛，聞佛說法立即悟道。因此山林、樹神都不禁同聲讚美：「文殊師利善度如是！」

（李澄鋒　攝）

文殊菩薩能善用柔軟語的權巧方便，而深得民心，眞正的辯才無礙，並非讓人啞口無言，而是讓大家心服口服，充分理解，溝通無礙，圓滿達成共識。

Question

43

如何效法文殊菩薩獅子吼的說法勇氣，敢言直諫？

文殊菩薩以獅子為座騎，表示他說法智慧猛利，能伏一切煩惱。獅子為獸中之王，所謂「獅子一吼，百獸膽裂」，因此佛經裡常將佛陀說法比喻為獅（師）子吼，形容佛陀的法音對眾生有振聾發聵的作用。

獅子吼破無明

《大智度論》列舉佛的「獅子吼」與動物獅子的吼聲的區別。獅子吼，會讓眾獸驚恐害怕；佛的獅子吼，則能消除驚恐。動物獅子吼的聲音粗惡，令人反感；佛的獅子吼，聲音柔軟，讓人聞法歡喜。

文殊菩薩的猛利說法，不是爲了讓衆生驚恐、畏懼，而是爲降伏衆生煩惱；佛陀大做獅子吼，也是爲了大破衆生無明，以悟入佛道。爲了幫助衆生成就，幫助團體成長，當我們不得不直指大衆弊病所在，也要時時回歸到善意的初衷，以免淪爲意氣之爭，兩敗俱傷。

智慧與願力的展現

眞正的獅子吼是智慧與願力的展現，如果只是爲個人面子而爭吵，虛張聲勢，最後只會變成一隻紙老虎。反之，即使不善言談、論理，所言只要是爲大衆發聲，爲團體設想，就不會人微言輕，而爲人所敬重，發揮團結力量。

Question 44

可以學文殊菩薩魅力吸引金色女度化人嗎？

《大莊嚴法門經》記載文殊菩薩曾化身爲俊美少年，穿著華美天衣，以此度化金色女，破除人們對物欲外表的執著。

金色女是容顏媚麗的妓女，通身散發金光，所行處遍地金色，光明照耀，所以全城男子皆爲之著迷。結果金色女一見文殊菩薩，便驚爲天人，並希望擁有他的天衣。文殊菩薩藉此向她及大衆演說佛法，金色女悟道後，慚愧地請求說：「我於正法猶如死人，唯願慈愍聽我出家。」結果文殊菩薩勸勉她，出家並非只是剃髮，要能自利利他：「非以自身除煩惱故名爲出家，勤斷一切衆生煩惱名爲出家。」文殊菩薩就這樣，以佛法度化了金色女與聞法大衆。

（李蓉生　攝）

先以欲鉤牽，後令入佛智

由於文殊菩薩常化現不同身分，用以方便親近、度化衆生，所以有些弘法心切的人，就會因而想說是否可用個人的魅力、清秀的外表，或是交友感情等種種方式，吸引人一起學佛。

佛教確實也有一句話說：「先以欲鉤牽，後令入佛智。」爲了讓人們歡喜學佛，所以有時需要以善巧方便或現實利益吸引人。但是，如果一直都停留在利益欲望，誤把方便當究竟，反而會弄巧成拙。

以修行來莊嚴自己的身心

雖然有人認爲自己道心堅定，絕對不會偏離佛道，但是學佛的菩提心與出離心都是一樣重要的。當我們自覺外表姣好，其實就先執著於自己的容貌了，有此貪愛心，便很難以清淨心來度化人。有自知之明，也是一種智慧。因此，接引人學佛的最好方式，還是以修行來莊嚴自己的身心，讓人感受到學佛益處，而願成爲菩提道友。

Question

45 如何發揮文殊智慧廣結善緣？

文殊菩薩可以自在來去六道，主要原因不是由於他的神通無礙，而是因爲不論去天道或地獄道，不管化身爲人還是豬，對他來說都是滿願度衆，所以無入而不自得，無論到哪裡都是歡喜自如。

如果我們能將所有的人都視爲現前的菩薩、未來的佛，將所做的事都視爲廣種福田，就不會因一、兩句閒話受傷，不會因一點挫折而停下腳步，能如文殊菩薩來去六道般自在快樂。

如《千缽經》的「文殊菩薩十大願」，不論衆生毀謗於我們、瞋恚於我們、從不從我們，皆共我們有緣得入佛道。能夠如此，就能視所有的人都是人間菩薩，視所有的事都爲滿願而行，自然廣結善緣。

（釋常護　攝）

Question

46

如何用「煩惱即菩提」面對工作考驗？

有句話說：「失敗爲成功之母。」累積了無數失敗經驗，工作自然熟能生巧，能產生智慧。如果能冷靜面對問題，危機往往就是轉機，也是成長自己的機會。因此對於考驗，不需要擔心，也不需要逃避，工作煩惱即是修行菩提。

有煩惱的眾生才有諸佛的智慧

煩惱與智慧是相對的，文殊菩薩是諸佛之師，智慧是爲了度眾生而生，有煩惱的眾生才有諸佛的智慧。就如蓮花生於汙泥而不染，如果不長於汙泥，就無法開出清香的蓮花。我們修學菩薩道的智慧，也是要在人間紅塵中鍛鍊出來。

煩惱即智慧

聖嚴法師於《公案一〇〇》說：「煩惱即智慧，智慧出煩惱，未悟之時所見的人世間是迷宮、是火窟，開悟之後所見的人世間是空花、是水月。」因此，面對工作的任何考驗，只要盡心盡力，耕耘的就是淨土，結的就是智慧果實。

Question 47

如何以文殊妙智安穩入睡？

輾轉難眠是不少現代人的苦惱，生活壓力大，總是無法安心睡覺，早起又精神不濟，該如何一夜好眠呢？

放下自己，放下牽掛

此時，不妨求助文殊菩薩，試著用文殊妙智來幫助自己。通常人的煩惱，都是因爲太在乎自己，如果能放得下自己，也就放得下牽掛，便能「憎愛不關心，長伸兩腳臥」。心中無事，沒有瞋恨、沒有貪愛、沒有追求，就能把兩腳伸得長長地安心睡覺。

為眾生祈願祝福

但是人生往往提起容易，有時要放下反而困難。這時可以在睡前、睡起，試著念《華嚴經．淨行品》的偈子，透過爲衆生祝福，放下心事，讓煩惱心變成清淨心。睡前可祈願：「以時寢息，當願衆生：身得安隱，心無動亂。」睡醒可祈願：「睡眠始寤，當願衆生：一切智覺，周顧十方。」

如此一來，既可以幸福安心入睡，又可以精神飽滿展開朝氣蓬勃的一天。

48

可以文殊智慧劍斬斷情絲嗎？

戀愛時，情人眼裡「出西施」，分手時，可能會變成「出東施」，恨不得能以慧劍斬情絲，從此一刀兩斷。

修行方法即是智慧劍

文殊智慧劍不是殺人刀，所殺的是煩惱，所斬的是執著。揮劍所向的，是自己，不是別人。廣義來說，只要能以佛法來斷除煩惱，所用的方法，即是我們的文殊智慧劍。

戀愛時，我們心心念念都是情人的名字，如果分手後，能將對方名字轉念用阿彌陀佛佛號、文殊菩薩聖號代替，讓心不再陷入感情煩惱，那麼念佛的方法就是一把智慧劍。

如《聖嚴法師教話頭禪》一書所說：「文殊菩薩是智慧的象徵，『文殊殺佛』是譬喻以智慧寶劍斷除一切執著，因此禪宗祖師們才會說：『逢佛殺佛，逢魔殺魔。』」將魔和佛一起殺，心中無一絲罣礙，才是眞正的不執著，否則無論執著什麼，都是一種煩惱心。」假使相愛時的種種美好回憶是佛，互恨時的種種埋怨不滿是魔，提起智慧劍，魔、佛通殺，才能眞正斬斷情絲。

文殊菩薩的示現

禪宗的話頭禪，把所參的話頭比喻爲「金剛王寶劍」，因其具有破魔障、斷妄念的驚人威力。如果我們現在既無法參透自己的本來面目、參透情爲何物，也無法一心專念佛號，何不妨視分手的情人爲文殊菩薩的示現呢？感謝對方豐富了自己的生命，並祝福彼此。

（許翠谷　攝）

Question

49

文殊菩薩的不二法門，會讓人是非不分嗎？

文殊菩薩的不二法門，能開啓智慧心，讓人不再捲入是非之中，自然不會是非不分。

每天遇見的人、發生的事，多多少少都有難解的是是非非，很少人能隨遇而安、隨緣放下。特別是隨著網際網路的發達，生活狀似更快利便捷，但不論是社會新聞、網路直播的是非曲直，或電子信件往返，都讓人心更波動不安，對話語眞假、人心眞僞感到困惑。

不再處處對立樹敵

活在價值觀多元的世界裡，如果時時都在分別好惡、利弊、得失，處處都在不停取捨、計較，與人對立，與環境對立，甚至自己內心也發生衝突。生活如何快樂自在呢？因此，我們需要活用不二法門，才不會身心分離、自相矛盾。知道好惡，但心不罣礙；知道利弊，但心不罣礙；知道得失，但心不罣礙。能夠如此，放下自我的好惡、利弊、得失，不執著兩端，便能得心自在。

以佛心看世界

以佛心看，眾生世界等同佛國世界；以眾生心看，佛國世界不過是眾生世界；以煩惱心看，世界是五濁惡世；以智慧心、慈悲心看，世界是佛國世界、人間淨土。如聖嚴法師於《修行在紅塵——維摩經六講》所說：「穢土和淨土、眾生和佛、煩惱和智慧，並非存在於兩個對立的環境，而是一而二，二而一，是超越於一和二的不二法門。」因此，我們想要活在五濁惡世，或活在人間淨土，關鍵還在於自己的心。

（李澄鋒　攝）

Question

50

如何依文殊妙法來發願，體驗日日好日？

生活中的每個念頭，清淨的多？還是不淨的多？許下的願，爲自己的多？還是願願不忘爲身邊的人祝福？

文殊菩薩於《華嚴經．淨行品》，列舉一日生活可能遇到的人事境物，告訴我們凡夫與菩薩的不同：凡夫的心，往往起我執煩惱；菩薩的心，則是念念爲眾生著想。

發善願，學做大心菩薩

〈淨行品〉一百四十一偈，一百四十一願，每一句「當願眾生」，猶如斬斷我執的利器，將凡夫的心念轉爲諸佛的境界。指引我們把握生活每一個當下，善用其心，正念發願，念念不離利樂眾生的慈悲，由此契入華嚴大心菩薩的心地法門，淨化有情世界。

〈淨行品〉的修行特色，就在於生活瑣事中學習如何轉念，讓修行與生活合一，是最爲平實的練習方法。不論人事境遇是順的、逆的、快樂的、痛苦的，甚至平平淡淡的，如果自始至終隨著生活種種事相發好願，在生活點滴上用工夫，日子也就不空過。

面對種種事境，先由改造內心做起，能夠提起念頭發願，當下就已是正念。然而對境時如何能轉念，還需要一些智慧與工夫，剛開始或許還有些勉強，不斷叮嚀提醒自己，提起正念轉念，到能提、能轉時，身、口、意慢慢就能跟上腳步，運用純熟，自然就能成就善的念頭，捨離不好的念頭。

轉正念，從祝福自他開始

如同繼程法師所說：「先能夠眞心地祝福自己，再論及祝福別人，才是發自眞誠的祝福。」法師曾有段時間，每天早課只念〈淨行品〉，幫助自己不斷提昇道心；在生活實踐上，則是在每天早晨，對著鏡子裡的自己說聲「早安」，再帶著喜悅的心接觸外在人、事，看見好的、不好的，都發自內心給予平等的祝福，由此漸漸擴大心量，大到面對外境時，都先想到別人而不是自己。從外境看到的是外在，從內心生起祝福時，外境和我們的心就有了連通，由內心發起祝福時，就已在轉境了，表面上的逆境就被轉成順境。

〈淨行品〉可說是文殊菩薩教導衆生由凡夫躍昇爲菩薩的快速法門。關鍵在於爲一切衆生發心，而落實菩提心願的訣竅，就在於善用其心，不僅能以正面思考，更重要的是，掌握每一個當下，爲衆生發願祝福，只要善的願心一起，煩惱就消失了。

聖嚴法師常鼓勵大衆，每個人的一生都應該發清淨的願，發爲社會奉獻、利益整體社會的大願心，因爲所有衆生都是生命共同體，當我們爲衆生祝福，祝福的力量，也會擴及自己。

我們可以一起學文殊菩薩發心，用〈淨行品〉過好每一天。時時保持正念覺知，事事以菩薩心行爲衆生發願，每一天，都是清淨美好的一天！

（李澄鋒　攝）

如何依文殊妙法來發願，體驗日日好日？

學佛入門Q&A 19

文殊菩薩50問

50 Questions about Mañjuśrī Bodhisattva

編著	法鼓文化編輯部
攝影	王順正、李佳純、李東陽、李蓉生、李澄鋒、林后駿、施建昌、許翠谷、釋常鐸、釋常護、釋圓貌
出版	法鼓文化
總監	釋果賢
總編輯	陳重光
編輯	張晴
美術設計	和悅創意設計有限公司
地址	臺北市北投區公館路186號5樓
電話	(02)2893-4646
傳真	(02)2896-0731
網址	http://www.ddc.com.tw
E-mail	market@ddc.com.tw
讀者服務專線	(02)2896-1600
初版一刷	2019年2月
初版三刷	2024年4月
建議售價	新臺幣180元
郵撥帳號	50013371
戶名	財團法人法鼓山文教基金會—法鼓文化
北美經銷處	紐約東初禪寺 Chan Meditation Center (New York, USA) Tel: (718)592-6593 E-mail: chancenter@gmail.com

法鼓文化

國家圖書館出版品預行編目資料

文殊菩薩50問 / 法鼓文化編輯部編著. -- 初版.
-- 臺北市 : 法鼓文化, 2019.02
面； 公分
ISBN 978-957-598-807-4（平裝）

1.文殊菩薩 2.佛教修持

225.82 107022900